Filosofia da mente

Coleção **PASSO-A-PASSO**

CIÊNCIAS SOCIAIS PASSO-A-PASSO
Direção: Celso Castro

FILOSOFIA PASSO-A-PASSO
Direção: Denis L. Rosenfield

PSICANÁLISE PASSO-A-PASSO
Direção: Marco Antonio Coutinho Jorge

Ver lista de títulos no final do volume

Claudio Costa

Filosofia da mente

ZAHAR

Capa
Sérgio Campante

CIP-Brasil. Catalogação na fonte
Sindicato Nacional dos Editores de Livros, RJ

C871f Costa, Claudio, 1962-
Filosofia da mente / Claudio Costa. — 1ª ed. — Rio de Janeiro: Zahar, 2005.
(Passo-a-passo; 52)

Inclui bibliografia
ISBN 978-85-7110-830-1

1. Filosofia da mente. 2. Consciência (Ética). 3. Ética. 4. Corpo e mente. 5. Identidade. 6. Ação (Filosofia). I. Título. II. Série.

04-3311 CDD: 128.2
CDU: 111.7

EDITORA SCHWARCZ S.A.
Praça Floriano, 19, sala 3001 — Cinelândia
20031-050 — Rio de Janeiro — RJ
Telefone: (21) 3993-7510
www.companhiadasletras.com.br
www.blogdacompanhia.com.br
facebook.com/editorazahar
instagram.com/editorazahar
twitter.com/editorazahar

FSC
www.fsc.org
MISTO
Apoiando o manejo florestal responsável
FSC® C128038

A marca FSC® é a garantia de que a madeira utilizada na fabricação do papel deste livro provém de florestas que foram gerenciadas de maneira ambientalmente correta, socialmente justa e economicamente viável, além de outras fontes de origem controlada.

Esta obra foi composta por TopTextos Edições Gráficas em Minion e Frutiger e impressa em processo sob demanda pela Um Livro sobre papel offset para a Editora Schwarcz a partir de 2024

Sumário

Tu não encontrarás os confins da alma, caminhes o quanto caminhares, tão profunda é a sua razão.

Heráclito

Introdução

Uma das obras mais importantes da filosofia do século XX, as *Investigações filosóficas* de Wittgenstein, começa com uma citação de Nestroy: "O progresso parece muito maior do que realmente é." Considerando o desenvolvimento explosivo da filosofia da mente no último meio século, sinto-me tentado a inverter essa frase: "O progresso é realmente muito maior do que parece." O progresso é tão grande que nos arriscamos, quando à esteira dos acontecimentos, a acreditar que estamos na frente por não conseguirmos ver mais nada adiante.

Ainda que com inevitável arbitrariedade, podemos situar o marco divisório do surgimento da filosofia da mente contemporânea em 1949, ano em que Gilbert Ryle publicou na Inglaterra o livro intitulado *O conceito de mente*, desafiando as concepções tradicionais. Dessa data até os dias de hoje as transformações nessa área da filosofia foram maiores do que as registradas nos dois mil anos que a antecederam.

O que teria produzido essa revolução? A resposta é que ela se deu como reflexo de outros desenvolvimentos, que começaram com a introdução de novas metodologias de análise filosófica e continuaram com o surgimento de novos domínios científicos como a neurofisiologia, a psicologia cognitiva e a inteligência artificial. O desenvolvimento dos computadores, por exemplo, forneceu um interessante modelo de comparação para uma renovada reflexão filosófica sobre questões como a da natureza da mente, dos estados de consciência e dos processos cognitivos.

A filosofia da mente consiste em reflexões conjecturais acerca de *estados* (eventos, processos, disposições) *mentais*, que em conjunto constituem o que chamamos de mente. Eis uma classificação das várias espécies de estados mentais:

1) *Sensações*: dores, coceiras, cócegas, calafrios...
2) *Percepções*: ver, ouvir, tocar, cheirar...
3) *Estados* quasi-*perceptuais*: sonhar, imaginar, alucinar...
4) *Emoções*: amor, ódio, medo, alegria, tristeza, inveja, pesar...
5) *Cognições*: crer, saber, entender, pensar, raciocinar, conceber...
6) *Estados conativos*: desejar, querer, intencionar...

Daí surgem questões como: Qual a natureza dos estados mentais? Como eles se relacionam com o cérebro? São os estados mentais estritamente biológicos, ou computadores seriam em princípio também capazes de tê-los? Havendo um *eu* unificador dos estados mentais, em que ele consiste? O que são estados de consciência? Como conhecemos os nossos estados mentais e os de outras pessoas?

Há também questões que em parte transpõem as fronteiras da filosofia da mente, como: o que é uma pessoa? Quando dizemos que uma pessoa é a mesma? Ou então: qual é a natureza e estrutura da ação humana? Digo que essas questões parcialmente transpõem as fronteiras da filosofia da mente porque geralmente as pessoas são consideradas entidades não só mentais, mas também corporais, enquanto ações seriam movimentos corporais mentalmente causados.

Nessa introdução à filosofia da mente escolhi expor e discutir muito brevemente quatro problemas de maior interesse: a consciência, a relação mente-corpo, a identidade pessoal e a natureza da ação.

O que é consciência?

Comecemos pela consideração do que para muitos é o mais importante conceito da filosofia da mente: o de consciência. Ele é coextensivo ao conceito de mente no sentido de que todos os seres que possuem mente devem ser ao menos capazes de consciência (uma pessoa que dorme possui mente e não está consciente, mas é capaz de consciência). Considere, por exemplo, o caso de seres vivos primitivos, como protozoários, anêmonas, insetos: eles estão aquém tanto da mentalidade quanto da consciência. Ninguém fala da mente de uma anêmona, nem que ela é consciente. Por outro lado, geralmente consideramos que os animais superiores são dotados de mente, o que equivale a dizer que são também admitidos como capazes de algum nível de consciência.

Podemos definir a consciência? Embora ouça um coro a dizer que não, creio que sim, posto que todos nós sabemos perfeitamente o que queremos dizer com a palavra. Minha vaga e esquemática definição é a seguinte: consciência é *a experiência integrada que a mente tem da realidade externa e interna.* O conceito-chave aqui é o de experiência, pois não há consciência sem experiência. Mas não se trata de qualquer produto experiencial: nos sonhos temos experiência sem chegarmos a ter consciência. E a razão disso é que a experiência no sonho não é das coisas como admitimos que realmente sejam; ela não é verídica, mas deceptiva, ilusória. Além disso, para ser do que realmente é o caso, a experiência precisa vir coerentemente unificada, integrada a outras. Finalmente, trata-se da experiência da realidade *externa* e/ou *interna*, o que se esclarece por apelo a uma importante distinção feita pelo filósofo australiano D.M. Armstrong entre duas modalidades (sentidos) principais de consciência: a *perceptual* e a *introspectiva.*

Duas modalidades de consciência. Quando usamos os nossos sentidos para ver, ouvir e sentir o mundo externo, nota Armstrong, estamos tendo consciência perceptual. Nós a temos quando estamos acordados, em vigília, alertas. É nesse sentido que dizemos de uma pessoa adormecida que ela não está consciente, ou de uma pessoa desmaiada ou em estado de coma, que ela perdeu a consciência, ou ainda, quando ela aos poucos acorda da anestesia geral, que ela está gradualmente recuperando a consciência. A modalidade perceptual de consciência pode ser definida como a experiência que a mente tem da *realidade externa*, ou seja, do mundo circundante e dos nossos corpos. Disso decorre que a experiência externa deceptiva, como a que se tem em estados de delusão ou alucinação, pode prejudicar ou mesmo impedir a consciência perceptual. A consciência introspectiva, por sua vez, é reflexão, autoconsciência. Ela pode ser definida como a experiência que a mente tem da *realidade interna*, ou seja, dos seus próprios estados mentais, tal como eles realmente são. Uma decorrência disso é que a experiência interna deceptiva, assim como identificações errôneas que o eu venha a fazer de si mesmo, não são aptas a produzir consciência (a falsa consciência não é consciência).

A modalidade introspectiva de consciência tem sido entendida por filósofos como D.M. Rosenthal como constituída por pensamentos ou cognições (que não demandam articulação lingüística!) de ordem superior, tendo por objetos outros estados mentais, tal como percepções, sensações, sentimentos e mesmo outros pensamentos. Assim, ao dizer que Maria tem consciência de que sente ciúmes, referimonos ao fato de que ela tem uma cognição de segunda ordem desse seu estado mental de primeira ordem que é o ciúme; e ao dizer que o ciúme de Maria é consciente, estamos dando a entender que ele é objeto de uma cognição de segunda ordem. Uma cognição de segunda ordem, por sua vez, não é em si mesma consciente, a menos que se torne objeto de uma cognição de terceira ordem e assim por diante.

Segundo Armstrong, a consciência introspectiva existe porque mentes mais desenvolvidas precisam ser capazes de *monitorar* os seus complicados processos mentais no propósito de coordená-los, integrá-los e planejá-los, o que torna possível a realização de ações mais sofisticadas.

Sendo uma adição evolucionária tardia, essa modalidade de consciência é muito menos comum que a perceptual. Um camundongo, por exemplo, tem consciência perceptual, posto que é capaz de experienciar perceptualmente o mundo (se ele for sedado com éter, diremos que perdeu a consciência). Mas ele não parece capaz de ter consciência reflexiva. Contudo, um mamífero superior como o orangotango é capaz de se demonstrar envergonhado por não ter conseguido resolver um problema demasiado difícil para ele, tapando a cara com o braço num gesto típico dos seres humanos. Isso indica que ele é capaz de ter consciência introspectiva do erro cometido, a qual produziu o sentimento de vergonha. Quando admitimos que o orangotango é capaz de consciência, mas achamos estranho que o camundongo a tenha, é porque estamos considerando a modalidade introspectiva.

Vale notar que a consciência introspectiva deve se restringir a uma fração central da perceptual, além de variar em grau. Armstrong considerou o seguinte caso: um motorista de caminhão, à noite, muito cansado, passa a dirigir sem consciência do que está fazendo, somente dando conta de si mesmo alguns minutos mais tarde. Segundo esse autor, durante esse período o sistema da consciência introspectiva do motorista foi desligado. Se o sistema da consciência perceptual também tivesse sido desligado — se ele tivesse dormido — ele teria perdido o controle do veículo.

Uma importante forma de consciência introspectiva é a do *eu*. Ao que parece, adquirimos consciência de nós mesmos através da cognição de certos estados mentais, como os associados à nossa personalidade e caráter, que se reiteram sempre que certas condições são dadas. Assim, se é próprio de Maria ser ciumenta, ela terá um forte sentimento de ciúme sempre que se fizerem presentes as condições que o possam evocar. Ela terá consciência desse traço de seu caráter (de seu eu) se for capaz de ter a cognição de ordem superior de que é capaz de enciumar-se ao menor motivo.

Parece que em nossas atribuições ordinárias de consciência referimo-nos implicitamente à experiência não-deceptiva perceptual, à experiência não-deceptiva introspectiva, ou a ambas. Aqui poderia ser levantada a questão dos limites da consciência perceptual. Mesmo um inseto é capaz de, em algum sentido, perceber, representar. Uma abelha, por exemplo, é capaz de realizar uma complicada dança para comunicar às outras a direção e a distância em que se encontra o alimento. Mesmo assim, não nos sentimos nem um pouco dispostos a atribuir consciência a abelhas, e a razão disso é que a consciência perceptual precisa ser entendida em termos propriamente *experienciais*, o que requer que tomemos o caso humano como modelo. Dizemos que um camundongo é consciente na medida em que ele é suficientemente semelhante a nós para que nos disponhamos a admitir que ele experiencia perceptualmente o mundo ao redor. Mas não dizemos que insetos são conscientes, posto que a sua atividade perceptual não é suficientemente elaborada e flexível para ser literalmente chamada de "experiencial".

O mistério da consciência. Para filósofos como Thomas Nagel, D.J. Chalmers e Colin McGinn, o problema mais importante não é o de se classificar formas de consciência ou de se investigar os seus traços mais característicos. O grande problema metafísico é o de tornar compreensível como, em um mundo totalmente físico, se faz possível a existência de algo irredutivelmente subjetivo e fenomenal como a consciência. Esse é para muitos um inescrutável mistério.

Contra essa conclusão é possível pensar que estamos diante de um pseudoproblema, de uma simples impressão de mistério, como sugeriram John Searle e Daniel Dennett. Para eles, a razão pela qual parece impossível conciliar o fenômeno da consciência com o mundo físico estaria apenas no fato de não possuirmos ainda uma ciência capaz de explicar em detalhes como o cérebro funciona: a ciência do cérebro, a *neurociência*, encontra-se ainda no berçário. Para esses filósofos, a nossa situação atual com relação à consciência é como a dos biólogos diante dos fenômenos vitais até o início do século XX. Antes disso, uma posição muito influente era o *vitalismo*, que afirmava ser a vida sustentada por obscuras forças imateriais, diferentes das forças físicas, tais como a enteléquia e o *élan vital*. O desenvolvimento da ciência biológica, porém, pôs termo à necessidade de explicar a vida por meio de forças não-físicas. A vida é hoje naturalmente entendida como uma realidade puramente física que emerge da matéria orgânica, envolvendo processos bioquímicos e biofísicos extraordinariamente complexos e sendo em sua totalidade redutível aos mesmos. Ora, tendo em vista tal história, podemos prever que o mesmo que aconteceu com a vida acontecerá com a consciência, no dia em que dispusermos de uma neurociência desenvolvida. Quando a neurociência for capaz de explicar em detalhes como o cérebro funciona, mostrando qual é a constituição neurobiológica do material sensível, como dele se produz a percepção e a representação, qual é a estrutura neurofuncional da introspecção e da unificação dos estados conscientes em um centro móvel de "egoidade", a consciência passará a ser naturalmente entendida como uma propriedade física emergente da matéria biológica e completamente redutível a ela. Nesse dia, o que hoje chamam de o mistério da consciência se desvanescerá como a bruma da manhã.

O problema mente-corpo

O problema mais discutido em filosofia da mente é o da relação mente-corpo, da natureza do mental e de sua relação com o corpo, ou seja, com o cérebro. Meu objetivo aqui será o de fazer uma exposição acessível e sucinta da discussão, finalizando com algumas breves considerações a favor da solução que me parece mais plausível.

O dualismo cartesiano. Há dois principais tipos de solução para o problema da relação mente-corpo: *dualismo* e *fisicalismo.* O dualismo afirma que a mente é distinta e independente do corpo material, enquanto o fisicalismo (ou materialismo) afirma que a mente é ela própria material, quando não lhe nega a existência.

A mais influente forma de dualismo foi o interacionismo proposto no século XVII pelo filósofo francês René Descartes, especialmente em suas *Meditações metafísicas.* Há vários argumentos pelos quais Descartes pretendeu provar o dualismo, mas o principal deles consiste na consideração de que se eu posso (em princípio) pôr em dúvida a existência de meu corpo e de todo o mundo material (pois posso estar sonhando, alucinando), mas não posso (sequer em princípio) pôr em dúvida a minha própria existência (de minha mente), posto que para duvidar eu preciso existir, então devo concluir que sou uma coisa distinta e independente do meu corpo e do mundo material. Reduzido ao essencial, esse argumento pode ser formulado assim:

1. Posso duvidar que o meu corpo existe.
2. Não posso duvidar que eu existo.
3. Portanto, sou uma coisa distinta de meu corpo.

Esse argumento se baseia na lei de Leibniz, segundo a qual se A e B são a mesma coisa, então não se pode afirmar algo de A sem afirmá-lo também de B. Uma dificuldade, contudo, é que a lei de Leibniz não se aplica a verbos mentais intencionais como "duvidar". Considere o seguinte argumento análogo, a respeito de Maria, serviçal da casa de Don Diego (o Zorro):

1. Maria pode duvidar que Zorro existe.
2. Maria não pode duvidar que Don Diego existe.
3. Portanto, Zorro não é Don Diego.

A conclusão não procede, pois se Zorro é ou não uma pessoa distinta de Don Diego não depende do que Maria pensa. Do mesmo modo parece que o fato de eu poder duvidar da existência do meu corpo, mas não de minha existência, não garante que (sem que eu saiba) não sejamos a mesma coisa.

Uma outra conclusão de Descartes foi que, por existir na independência do mundo material, a mente satisfaz a definição de substância, que é a de ser algo que existe sem precisar de outra coisa para existir. Por conseguinte, devem existir duas substâncias: a material — *res extensa* — cujo atributo essencial é a extensão, e a mente ou substância pensante — *res cogitans* — cujo atributo essencial é o pensar e que, no caso humano, a religião chama de alma.

Há uma variedade de objeções feitas ao dualismo interacionista proposto por Descartes. A maior delas já havia sido colocada por um contemporâneo seu, a princesa Elisabeth da Boêmia. Em uma carta ao filósofo ela pergunta: "Como pode a alma do homem, sendo apenas uma substância pensante, determinar os seus espíritos corporais de maneira a realizar ações voluntárias?" Em outras palavras: como é possível que a substância mental, que não possui extensão nem propriedade física alguma, seja capaz de interagir causalmente com o corpo de modo que alguém, por exemplo, faça ele se levantar da cama ao acordar, ou retire a mão de perto do fogo? A única resposta que Descartes foi capaz de dar é que certas coisas precisam ser aceitas como mistério.

Há outras dificuldades com o dualismo cartesiano. Um exemplo: segundo a lei da conservação da energia, a quantidade de energia do Universo deve permanecer a mesma; mas se alguma energia do mundo material se perde na alma, ou esta a introduz no mundo material, essa lei precisa ser revista. Outro exemplo: a teoria da evolução ensina que nós evoluímos a partir de espécies inferiores. Quando teria então surgido a alma? Como explicar, ademais, que precisamos de um cérebro tão grande, se uma alma inextensa com certeza caberia em um cérebro do tamanho de um grão de ervilha? Como explicar o efeito de drogas e medicamentos na mente? Como explicar que uma doença como a de Alzheimer, que reduz o cérebro até um terço do seu tamanho, tenha efeitos tão devastadores sobre a atividade mental? Como explicar, em suma, o papel do cérebro? O que tais objeções revelam é que o dualismo não se integra à nossa crescente imagem científica do mundo, sendo isso o que mais parece fadá-lo ao ostracismo.

O behaviorismo analítico. A discussão contemporânea do problema mente-corpo nasceu de uma influente reação contra a tradição dualista, o assim chamado behaviorismo analítico, defendido pelos positivistas vienenses na década de 1930 e mais tarde por Gilbert Ryle, sob a influência de Wittgenstein.

A idéia básica do behaviorismo analítico era a de que o mental, entendido como um conjunto de entidades subjetivas e privadas, ou não existe ou não desempenha papel algum. Conceitos que se referem àquilo que é mental — como os de dor, desejo, raiva, amor, crenças, pensamentos, intenções etc. —, devem ser analisados em termos de comportamentos ou disposições para se comportar.

"Disposição" é um termo técnico em filosofia que se aplica a propriedades que não se manifestam o tempo todo, mas só em circunstâncias bem definidas. Assim, dizemos que o copo de vidro é quebrável porque em certas circunstâncias (por exemplo, quando jogado ao chão) ele se quebra. Ser quebrável é uma disposição. Do mesmo modo, dizemos que uma pessoa é inteligente quando ela possui a disposição de, em certas circunstâncias (como ao fazer um teste de QI), demonstrar um comportamento inteligente. Ao analisar o mental em termos de comportamentos ou disposições comportamentais, o behaviorista analítico acreditava ter realizado o truque de se livrar para sempre da *res cogitans* cartesiana.

Essa expectativa demonstrou-se vã, posto que o behaviorismo analítico tem mais defeitos do que virtudes. Considere o caso de qualidades sensíveis como a dor. É profundamente contra-intuitivo pensar que a dor seja uma mera disposição para verter lágrimas, gemer, franzir a testa, contorcer-se, e não uma sensação profundamente desagradável, a qual cada um de nós vivencia de modo imediato e privado.

Ainda mais improvável é o caso de imagens mentais como as que nos aparecem em sonhos. Elas não parecem nos dispor a nenhum comportamento específico. A radical rejeição da subjetividade inerente ao behaviorismo lógico torna a doutrina tão incongruente que deu azo a piadas maldosas, como a do behaviorista que, após ter feito amor com a behaviorista, disse: "Vejo que você gostou. E eu? Eu gostei?"

Uma objeção importante é a de que o behaviorismo analítico é circular no sentido de que a análise comportamental de um estado mental acaba sempre por recorrer a outros estados mentais, os quais por sua vez exigem novas análises comportamentais e assim indefinidamente. Contudo, a objeção de circularidade pode ser tornada mais radical, pois podemos sugerir que o behaviorismo analítico é uma doutrina contraditória simplesmente porque a análise comportamental de um estado mental acaba sempre tendo de recorrer a esse *mesmo* estado mental como o *critério último* para o estabelecimento do comportamento ou disposição comportamental que deve tomar o seu lugar.

Essa contradição se evidencia quando notamos que para o behaviorista cada estado mental precisa ser analisado em termos de um número indeterminado de comportamentos, e que, para ele, conhecer tais estados é ser capaz de construir uma *lista* desses comportamentos e das circunstâncias apropriadas para o seu aparecimento. Quando tais comportamentos são expressões naturais dos estados mentais (como o gemer e o contorcer-se no caso da dor), a dependência que a análise comportamental tem da identificação do estado mental é obscurecida pela aparente indissociabilidade das duas coisas. Mas nos casos de comportamentos novos e imprevistos essa dependência fica muito clara. Digamos que alguém, por excesso de calor, decida se encostar de braços abertos em frente a um condicionador de ar. O behaviorista analítico precisará dizer que um dos comportamentos determinados pela disposição que chamamos de sensação de calor será o de, em circunstâncias apropriadas (calor intolerável, ar-condicionado à vista, nenhum impedimento), encostar-se em aparelhos de ar condicionado. Mas com que base incluímos esse comportamento na lista das manifestações da disposição? Ora, com base no fato de que a pessoa que fez isso nos relatou ter *sentido* um calor intolerável e, principalmente, porque sabemos que nós mesmos, caso *sentíssemos* um calor intolerável, estaríamos dispostos a fazer o mesmo!

Um problema adicional enfrentado pelo behaviorismo analítico diz respeito à noção de disposição. A disposição de um corpo de apresentar certas propriedades em certas circunstâncias específicas costuma ser analisada, não em termos dessas mesmas propriedades, mas de propriedades *intrínsecas* do corpo. Exemplos: o vidro é quebrável, o açúcar é solúvel, a pólvora é explosiva... devido às suas propriedades moleculares. Ora, se é assim, então um estado mental — entendido como uma disposição para apresentar certos comportamentos — não é para ser analisado relativamente a esses mesmos comportamentos, mas a propriedades intrínsecas de estados cerebrais! Ao admitirmos isso, porém, já abandonamos o behaviorismo.

Eliminacionismo. Uma solução radical para o problema mente-corpo, introduzida por P. K. Feyerabend em 1963, foi o eliminacionismo. Em uma versão mais atual, defendida por Paul e Patricia Churchland, o eliminacionismo sugere que o nosso vocabulário sobre estados mentais pertence a uma *psicologia popular* que não merece crédito; a psicologia popular deve desaparecer, como já desapareceram a astronomia, a física e a química populares. Ninguém mais crê que o Sol gira em torno de nós, como pretendeu a astronomia popular, nem pensa que os corpos leves caem mais devagar no vácuo, uma idéia da física popular. E também não pensamos mais que o calor é um fluido, o calórico, que é liberado por materiais que entram em combustão, coisa da química popular. O mesmo deve acontecer com a psicologia popular quando for desenvolvida uma verdadeira neurociência. A sua linguagem será então eliminada em favor de uma outra,inteiramente derivada da neurofisiologia.

Não obstante, esse raciocínio é questionável. Quando examinamos de perto o que a ciência refutou e eliminou, vemos que não foi o nosso conhecimento elementar de senso comum, mas a sua extensão por filósofos e cientistas em extrapolações especulativas. Conceitos como os de corpo material, estrela, peso e calor não foram eliminados pela ciência, mas assimilados por ela, e generalizações do senso comum — como a de que o Sol cruza o céu a cada dia, ou a de que os corpos leves custam mais a cair — nunca foram em seu contexto próprio falseadas pela ciência. E a razão disso é que o homem prático que formulou tais generalizações não tencionava falar de uma estrela situada a milhões de quilômetros da Terra, nem de corpos caindo sem a resistência do ar, mas simplesmente descrever o que via! Por isso a ciência não costuma ser refutação, mas extensão e refinamento do senso comum mais humilde, não sendo plausível nem razoável pensar que a neurociência deva refutar ou eliminar a psicologia popular *in totum*.

Um erro adicional consiste em querer substituir a psicologia popular, e até mesmo a sua extensão como psicologia científica, pela neurociência, negando que elas possuam um status epistêmico próprio. Ora, compare o caso da psicologia com o da química: a física fundamentou a química, ao invés de eliminá-la; do mesmo modo, parece que uma neurociência deverá fundamentar a psicologia e não eliminá-la.

Teoria da identidade. A partir da segunda metade da década de 1950, filósofos como Herbert Feigl e os australianos U.T. Place e J.J.C. Smart fizeram uma nova teoria tomar o lugar do behaviorismo analítico: a teoria da identidade de tipo (*type-type identity theory*). A idéia é muito simples e um tanto óbvia: (tipos de) estados (eventos, processos) mentais são a mesma coisa que (tipos de) estados (eventos, processos) cerebrais.

A inspiração para essa teoria é proveniente da bem-sucedida descoberta de identidades pelas ciências empíricas. Elas acabaram por identificar muitas macroestruturas aparentes a microestruturas por elas descobertas. Por exemplo: água = H_2O; gene = segmento de DNA; calor = energia cinética; luz = ondas eletromagnéticas etc. Ora, por que uma futura ciência do cérebro não nos permitirá identificar estados mentais como sensações, emoções, desejos e crenças, entre outros, a estados neurofisiológicos específicos? Eis alguns exemplos inevitavelmente incompletos e hipotéticos:

(1) Sensação da dor = certos efeitos corticais resultantes de estimulações pré-corticais (no tálamo e na formação reticular), as quais são geralmente produzidas pela estimulação de células nociceptoras periféricas.
(2) Ansiedade = certos efeitos corticais resultantes da reverberação de descargas em circuitos neuronais no sistema límbico.
(3) Impressão visual consciente = certos efeitos no nexo prefrontal, resultantes da estimulação da área V1 do córtex occipital...

Claro que essas identificações são grosseiras, posto que a neurociência ainda está de cueiros. Mas um dia isso será possível. Talvez um dia a ciência chegue a construir o cerebroscópio: um aparelho capaz de, escaneando exaustivamente os estados cerebrais de uma pessoa, nos dizer o que ela está sentindo, desejando e até mesmo pensando (note-se que versões neandertálicas disso já existem: as tomografias de emissão de pósitron e os exames de ressonância magnética). Se os estados mentais puderem ser identificados a estados neurofisiológicos, como a teoria da identidade prevê, teremos provado uma solução naturalista para o problema mente-corpo, que é simples, ontologicamente econômica e que faz desaparecer o problema da interação causal entre mente e corpo, dado que reduz tudo a acontecimentos puramente físicos.

Há uma variedade de objeções importantes contra a teoria da identidade de tipo; mas duas delas foram decisivas para o seu abandono pela maioria dos filósofos.

A primeira objeção parte da consideração de que o mental possui um resíduo irredutível ao material, que são os assim chamados *qualia* — qualidades fenomenais privadas e diretamente experienciadas de eventos mentais como sensações, emoções e imagens mentais. Segundo essa objeção, a teoria da identidade não é realmente capaz de identificar os *qualia* com eventos cerebrais, pois o modo de sentir (*how it feels*) e ter (*how it is like*) os primeiros nunca se dá à experiência física intersubjetiva, como insistiu Thomas Nagel. De fato, por mais que investiguemos o cérebro, nele não encontraremos nada parecido com os *qualia*. Se alguém vê a cor verde, a sua massa cinzenta não se torna verde; se alguém sente gosto do mel, ninguém sentirá gosto de mel ao lamber o seu cérebro. Considere, ainda, o interessante caso introduzido por Frank Jackson de uma cientista do cérebro chamada Mary, que sabe tudo sobre a neurofisiologia das cores, mas que nunca viu nada colorido. Quando ela é apresentada pela primeira vez às coisas coloridas, passa a *saber* algo de novo sobre as cores que, como cientista do cérebro, ela não poderia saber!

A segunda e mais poderosa objeção é a da *múltipla realizabilidade*. Estados mentais não podem ser univocamente identificados a estados cerebrais, como pretende a teoria da identidade de tipo, posto que eles podem se realizar nos mais diversos tipos de arranjos materiais. Isso é sugerido pelo fato de o cérebro ser plástico em suas funções. Quando uma pessoa sofre um acidente vascular cerebral, por exemplo, e perde a fala, outras áreas do cérebro aprendem a desempenhar o mesmo papel da área destruída, fazendo com que ela recupere ao menos parcialmente a habilidade de falar. Considere, ainda, o pensamento expresso pela frase "Hoje é sábado." Parece tremendamente improvável que o meu pensamento ao escrevê-la tenha exatamente a mesma realização cerebral que o seu ao lê-la, digamos, lá no "centro calendariano" de nossos cérebros. Mesmo quando eu tiver um mesmo pensamento no futuro, parece improvável que os percursos neuronais venham a ser exatamente os mesmos que agora.

Filósofos funcionalistas como Hilary Putnam e J.A. Fodor exploraram as conseqüências da objeção da múltipla realizabilidade contra a teoria da identidade.

Como observou Putnam, parece provável que a realização físico-química da dor em répteis e moluscos seja muito diferente de sua realização em mamíferos; afinal, esses seres vivos evoluíram paralelamente. Se a teoria da identidade fosse correta, isso significaria que um polvo, que é um molusco, não pode sentir dor! Mais além, considere o que poderia ser a realização da dor em seres extraterrestres cujo cérebro não é baseado em carbono e que não possuem células nociceptoras, ou ainda a realização da dor em futuros andróides ou em supercomputadores, que nem células possuem. Seria um chauvinismo da espécie pensar que, devido a essa impossibilidade de se encontrar uma identidade de tipo, só nós é que somos capazes de sentir dor. Mas se um estado mental não é capaz de possuir uma única realização cerebral, então parece que a teoria da identidade é falsa.

A resposta de alguns teóricos da identidade foi sugerir uma teoria da identidade de *ocorrência* (*token-token identity theory*). Segundo essa despretensiosa teoria, não há identidade entre tipos de estados mentais e estados cerebrais, embora *alguma* identidade sempre deva existir. Ou seja: se for dado um estado mental do tipo M, ele pode ser identificado aos estados cerebrais F1, F2, F3... não havendo como unificar os últimos em um único tipo. A razão para isso estaria na falta de correlações nômicas entre eventos mentais e cerebrais, ou seja, na ausência de leis estritas relacionando psicologia e neurofisiologia, como pretendeu Donald Davidson.

Além de parecer esvaziada de poder explicativo, a teoria da identidade de ocorrência tem o resultado desagradável de, em uma interpretação conseqüente, nos forçar a admitir a possibilidade de que nossas mentes possam sair de nossos cérebros, escorrer pelos nossos membros e ir passear pelo mundo, conquanto elas se identifiquem sempre com alguma coisa material, posto que não há nada que nos force a privilegiar algum tipo de identificação...

Funcionalismos. O sucesso da teoria da identidade de tipo durou pouco, pois ela foi eclipsada ainda na década de 1960 pelas teorias funcionalistas da mente, sugeridas por Putnam e outros.

A idéia geral do funcionalismo é a seguinte. Há coisas que se definem primariamente por sua natureza material ou substantiva: um grão de areia, uma montanha, uma árvore... Mas há outras coisas que se definem primariamente por sua função. Esse é o caso do ofício de guarda-florestal ou de uma armadilha para pegar passarinhos. Pouco importa quem ocupa o lugar de guarda-florestal ou de que é feita a armadilha, se de madeira, metal, plástico etc. O importante é que a função seja satisfeita.

A tese do funcionalismo em filosofia da mente é a de que os estados mentais pertencem a esse último gênero de coisas: a mente não se define pelo que *é*, mas pelo que *faz*. Considere, como exemplo, a crença que João tem de que irá chover. Funcionalistas causais (como Armstrong e David Lewis) a identificariam com algum estado interno que é causado por um *input* perceptual, como a visão de nuvens escuras, que por sua vez causa outros estados internos, como o pensamento de que as roupas no varal ficarão molhadas e que o guarda-chuva o protegerá ao sair, o que por sua vez causa *outputs* comportamentais, como os atos de recolher as roupas e de pegar um guarda-chuva ao sair. O funcionalismo lembra o behaviorismo, mas se diferencia dele por incluir estados internos entre os elementos do sistema funcional.

Particularmente impressionante é o assim chamado funcionalismo da máquina, posto em circulação por Putnam, que se vale de uma analogia entre cérebros e computadores. Um computador é um *hardware*, um sistema material, no qual é implementado um *software*, o programa, que é constituído por um sistema de regras que permitem o processamento dos dados recebidos. Ora, também nós somos constituídos por um *hardware*, que é o cérebro, e por um *software*, ao qual damos o nome de mente! Assim, a mente nada mais é do que o programa implementado no cérebro, e os estados mentais são os seus estados funcionais. Certamente o "programa mental" nada tem a ver com os *softwares* que são atualmente implementados em computadores, mas o princípio é o mesmo.

Uma conseqüência agradável de se pensar assim é que, como programas podem ser alterados, a mente também pode. Lembro-me de um anúncio que trazia uma foto de Einstein com a pergunta: "O que ele tinha que os outros não tinham?" Resposta: "O programa." Ele tinha pressupostos heurísticos diferentes daqueles dos outros físicos, o que lhe possibilitou fazer algumas descobertas revolucionárias. A idéia de que a mente é um programa é democrática com respeito às nossas capacidades cognitivas, pois nos dá a esperança de substituirmos nossos *softwares* ultrapassados e imperfeitos por outros mais modernos e eficazes. Você não precisa, pois, sofrer com a idéia de que é um prisioneiro de suas limitações biológicas, a menos, é claro, que o seu *hardware* seja tão limitado que não comporte nada além do *Windows* 1.0.

Outra conseqüência do funcionalismo é que sendo o mental definido em termos puramente funcionais, o substrato material não precisa ser um cérebro biológico. Se pudermos implementar o programa de uma mente humana em um supercomputador, ou no cérebro biônico de um andróide, essas máquinas passarão a ter mentes humanas! Há entusiastas do funcionalismo que previram a conquista da imortalidade com base nisso: no dia em que a inteligência artificial estiver suficientemente desenvolvida, acreditam eles, poderemos escanear o programa de uma mente humana e implementá-lo em um supercomputador, de modo que essa mente possa a partir de então viver para sempre entre os seus microcircuitos. Uma pessoa poderá, inclusive, ter o seu programa guardado em um disquete como seguro de vida: caso ela venha a falecer, o precioso *software* poderá ser implementado no primeiro supercomputador disponível...

A estranheza dessas últimas sugestões deve ser suficiente para fazer-nos desconfiar do funcionalismo, ao menos em sua forma pura. Quero expor duas objeções importantes contra ele. A primeira diz respeito aos *qualia*. Como vimos, os *qualia* são tudo aquilo que possui caráter qualitativo-fenomenal na consciência. No entanto, o funcionalismo, ao identificar os estados mentais com papéis funcionais, deixa de fora os *qualia*. Considere o caso da dor. Para o funcionalista ela é algum estado interno (indeterminado), que se define por suas relações funcionais com *inputs*, *outputs* e outros estados internos (também indeterminados). Mas intuitivamente, ao menos, a dor não é nada disso: a dor é um estado qualitativo-fenomenal subjetivamente identificável e bastante desagradável, na independência de ter ou não um papel funcional. Os *qualia* são, pois, a pedra no sapato dos funcionalistas.

A existência dos *qualia* é, ademais, uma razão pela qual não parece possível que a mente venha a ser um programa implementado em um supercomputador. Um robô com um cérebro eletrônico pode realizar tarefas práticas e até intelectuais idênticas às de um ser vivo com um cérebro biológico; mas não parece que ele possa ter os mesmos *qualia*. Ele pode simular dor, por exemplo, gemendo e chorando lágrimas de óleo. Ou pode simular raiva, desligando-se da tomada por pura birra. Imagine um robô que deteste o gosto de limão. Você põe meio limão na boca dele e ele o cospe fora. Ele *imita* as reações humanas, mas isso não nos permite crer que ele realmente sinta o gosto de limão. Mesmo que ele venha a ser dotado de unidades eletrônicas análogas às nossas unidades neurofisiológicas, não parece que por meio disso elas se tornariam capazes de gerar qualidades fenomenais.

A intuição que embasa essas considerações é a seguinte: quando reconhecemos a peculiaridade dos fenômenos neurofisiológicos — a sua indizível complexidade e sutileza — torna-se intuitivamente plausível a idéia de que os *qualia* são propriedades que se limitam a cérebros biológicos, sendo a sua reprodução por outros meios impossível. Só nós e outros seres vivos conscientes somos capazes de sentir o verdadeiro gosto do limão, a raiva verdadeira, a dor verdadeira. Só organismos biológicos são capazes de produzir os *qualia* do prazer e da dor. Por isso é que não ficamos com pena de um *laptop* que acabou de contrair um vírus, ou de um robô que perdeu o braço. É devido à ausência dessas qualidades sensoriais e emocionais, principalmente as que têm a ver com prazer e desprazer, que sempre nos recusaremos a atribuir a cérebros eletrônicos o status de pessoas, a tratá-los como seres morais, ou a admitir que eles possam vir a possuir consciência, por mais humanas que pareçam as ações por eles realizadas.

Há, por fim, os casos concebidos por Ned Block alertando-nos contra uma caracterização puramente funcionalista do mental. O mais conhecido é o da "grande mente da China". Suponha que o governo chinês seja convertido ao funcionalismo, convencendo-se de que ganhará grande prestígio internacional se realizar o programa de uma mente humana por uma hora. Cada um dos habitantes da China receberá então um radiotransmissor com instruções para se conectar, pela intermediação de satélites, com outras pessoas e, finalmente, a um corpo artificial que, como resultado das instruções, se comportará como um ser humano por uma hora. A implementação do programa pelo bilhão de pessoas e pelos satélites corresponderá, para o funcionalista, a uma mente humana. A mesma idéia pode ser aplicada trocando os chineses por bilhões de pombos treinados para bicar botões vermelhos ou verdes, de acordo com o sinal luminoso que recebem etc. A idéia de que desses experimentos resultariam mentes humanas é absurda, o que torna o funcionalismo suspeito.

Apostando na teoria da identidade. Diante de tantos impasses, a que conclusões devemos chegar? Segundo o filósofo inglês Colin McGinn, a nenhuma. Para ele nós jamais chegaremos a resolver o problema da relação mente-corpo, pois o nosso aparelho cognitivo, que foi desenhado para resolver problemas triviais de adaptação ao mundo circundante, não está adequadamente preparado para solucionar um problema dessa magnitude. Diante dos grandes problemas da filosofia seríamos como orangotangos tentando descobrir a teoria da relatividade, o que explica o caráter vão de nossos esforços.

Contra essa forma de ceticismo eu gostaria de responder recordando a observação feita por Wittgenstein de que só nos colocamos problemas para os quais somos capazes de obter uma resposta. Orangotangos não são capazes de descobrir a teoria da relatividade. Mas tampouco são capazes de se perguntar, como fez Einstein, o que aconteceria caso eles se deslocassem à velocidade da luz...

A posição da qual compartilho é mais otimista. Creio que o problema da relação mente-cérebro não é imensamente difícil e que a chave para a sua solução não está perdida. Minha convicção é que a teoria da identidade de tipo continha um *insight* fundamental, que continua legitimamente aplicável, ao menos na esfera dos *qualia*. Um reexame das duas objeções principais mostrará que esse ponto de vista não é tão implausível quanto possa inicialmente parecer.

Comecemos com a objeção de que os *qualia* são irredutíveis. Ela pode ser vista como resultado de uma confusão. Compare o caso da redução dos *qualia* com o caso da redução da luz a ondas eletromagnéticas, como fez recentemente Paul Churchland. A luz pode ser descrita como A: uma luminosidade que torna as coisas visíveis. Mas ela pode ser também microfisicamente descrita como B: ondas eletromagnéticas de um certo comprimento. Não há discussão sobre o fato de A designar a mesma coisa que B, nem sobre A se *reduzir* a B, no sentido de que B descreve a mesma coisa em uma linguagem mais fundamental. Contudo, usando um vocabulário fregiano, devemos notar que os *modos de apresentação* (*die Arte der Gegebensein*) da mesma entidade sob as descrições A e B são em si mesmos inevitavelmente diversos. Com auxílio de células fotoelétricas, por exemplo, podemos detectar ondas eletromagnéticas sem precisar experienciar luminosidade visível. Ora, por que não podemos dizer a mesma coisa dos *qualia*? Eles seriam modos de se dar subjetivos de entidades, as quais em princípio também são capazes de ser apresentadas intersubjetivamente, sob o aspecto neurofisiológico. É verdade que os *qualia*, enquanto modos de apresentação subjetivos, não são redutíveis. Mas por que deveriam? Uma irredutibilidade no próprio modo de apresentação é condição de possibilidade da redução, sem o que as identidades se tornariam redundantes e não-informativas!

Tendo isso em mente, consideremos outra vez o caso de Mary, a cientista do cérebro que tudo sabia sobre a neurofisiologia das cores. Ao ser apresentada às coisas coloridas, ela não dirá "Só agora sei *o que é* a visão das cores", mas apenas, "Só agora sei *como* as cores são vistas", ou ainda,

"Só agora sei o modo como o processo neurofisiológico de experiência das cores se apresenta à perspectiva subjetiva", sem negar que se trata do *mesmo* processo.

Passemos agora à objeção da múltipla realizabilidade. É preciso distinguir a aplicação dessa objeção ao nível cognitivo (ou seja, de pensamentos, juízos, raciocínios...) de sua aplicação ao nível mais básico dos *qualia* (ou seja, das sensações e emoções). Quando aplicada a esse último nível a objeção parece incorrer no que chamo de uma falácia da *falsa especificação*, que consiste em entender conceitos de modo a lhes atribuir uma extensão indevida. Uma pessoa se equivoca dessa maneira quando, por exemplo, conclui que os insetos não têm olhos, posto que os seus órgãos visuais não possuem células retinianas como as nossas.

A razão pela qual penso que filósofos como Putnam incorreram nessa falácia é que eles se baseavam em uma idéia incorreta da natureza das entidades neurofisiológicas relevantes. O *tipo* neurofisiológico a ser identificado com um tipo de *qualium* era por eles explicitamente concebido como devendo ser precisamente identificado em termos *materiais* (biofísicos, neuroquímicos, histológicos e anatômicos), quando na verdade ele deve ser identificado primariamente em termos *neurofuncionais*, demandando uma especificação material muito mais genérica.

O exemplo da dor ilustra esse ponto. É absurdo identificar a dor com a "descarga de fibras-C", como foi insinuado por críticos da teoria da identidade. Certamente, as fibras-C são neurônios nociceptores que existem no homem e podem não existir no polvo. Contudo, sabemos hoje que a dor se identifica com alguma forma de interpretação cortical de um complexo processamento cerebral pré-cortical que em geral (mas nem sempre) resulta da estimulação de nociceptores periféricos — funcionalmente definidos como neurônios estimuláveis pelo calor e inibidos por substâncias analgésicas como a morfina (não importando, portanto, que tipos de fibra eles são). Nesse caso, porém, parece que polvos podem muito bem ter o mesmo tipo de estado neurofisiológico que constitui a dor no homem; afinal, eles também possuem córtex, centros pré-corticais e neurônios nociceptores funcionalmente identificáveis como estimuláveis pelo calor e inibíveis por substâncias analgésicas.

Definições funcionais, cumpre notar, não são uma questão de tudo ou nada. Uma faca, por exemplo, é definida funcionalmente como um objeto rígido e afiado, que serve para cortar. A referência ao tipo de material precisa de algum modo figurar na definição, pois embora a faca possa ser de vários materiais (aço, prata, bronze, alumínio), ela não poderá ser de outros (papel, marzipã, sabão) e continuar sendo uma faca de verdade. Mas essa referência pode ser genérica (material rígido, não-quebrável) e até mesmo disjuntiva (aço ou prata ou...). Do mesmo modo, parece razoável pensarmos que na descrição neurofisiológica dos *qualia* os tipos de unidade neurofuncional desempenhem um papel predominante, podendo ser a eles adicionadas cláusulas genéricas ou disjuntivas referentes a elementos biofísicos, neuroquímicos, histológicos e anatômicos. Com isso alcançaríamos definições neurofuncionais suficientemente abrangentes para possibilitar uma identificação unívoca.

Todavia, o que dizer da dor dos andróides, ou da dos extraterrestres, com uma biologia muito diferente da nossa? Ora, quanto aos últimos, é possível pensar que eles devam ter uma constituição cerebral suficientemente semelhante à nossa para permitir a reprodução fenomenal da dor, além de algum subtipo de célula nociceptora. E quanto aos primeiros, sugiro apenas que a hipótese seja descartada como uma ficção ingênua do início da era dos computadores — coisa de quem acredita nos filmes de Spielberg. Pois como já vimos, computadores podem *imitar* o comportamento de quem sente dor, mas não parece possível que eles venham a sentir dor, posto que os *qualia* de dor seriam fenômenos inextrincavelmente biológicos.

Mas o que dizer da aplicação da objeção da múltipla realizabilidade ao nível de processos cognitivos, onde a dimensão funcional da explicação se torna muito mais relevante, como no caso de raciocínios envolvendo crenças, pensamentos, intenções? A esse nível parece difícil rejeitar alguma múltipla realizabilidade e tentador admitir alguma identidade de ocorrência (*token-token*) entre o mental e o físico.

Quer dizer então que apesar de o mental, como ele é caracterizado ao nível sensorial-afetivo dos *qualia*, não poder ser implementado em substratos materiais não-biológicos, isso seria possível ao nível cognitivo? Esse não seria, por exemplo, o caso do *Deep Blue*, o computador que derrotou o grande enxadrista Kasparov? Ele não estava pensando, raciocinando? Parece que uma importante razão para rejeitar essa idéia é que o nível cognitivo parece estar intrinsecamente relacionado ao nível mais basal dos *qualia*. Como disse Kant, o entendimento sem a experiência sensível é cego, e como disse Hume, a razão é a serva das paixões. Crenças são fundadas e raciocínios são orientados pelo nível mais basal dos *qualia* sensoriais e afetivos, que os vinculam ao domínio da experiência sensível. É pela percepção disso que sentimos tanta resistência em admitir que computadores de fato pensam, mesmo que realizem manipulações simbólicas similares às que realizamos ao pensar e raciocinar. Em suma: a despeito das caracterizações funcionais se justificarem tão bem ao nível cognitivo, uma identidade de tipo ao nível dos *qualia* pode ser, no final das contas, suficiente para pregar a mente em seu cérebro biológico.

Identidade pessoal

Um problema muito discutido em filosofia da mente é o da identidade pessoal. Antes que venhamos a considerá-lo, convém notar que o conceito de identidade que estaremos usando não é o de similaridade exata de uma coisa com outra. Quando digo, por exemplo, que o seu carro é idêntico ao meu, ou que as cores deles são idênticas, não estou falando de identidade no sentido filosoficamente mais discutido da palavra, mas da assim chamada identidade *qualitativa.* A identidade pessoal não é qualitativa, mas *numérica*, ou seja, ela é a identidade de uma coisa consigo mesma.

Não se trata, porém, de uma identidade numérica *tout court*, da identidade "instantânea" de uma coisa consigo mesma, como a que é considerada pela lei da identidade em lógica —, segundo a qual cada coisa é sempre idêntica a si mesma, se considerada ao mesmo tempo e sob o mesmo aspecto. O conceito de identidade que nos interessa aqui é o da identidade numérica de uma coisa *no tempo*, ou seja, a identidade de uma coisa consigo mesma nos subseqüentes estágios temporais de sua existência. Quando essa coisa é uma pessoa, fala-se então da identidade pessoal, que é a sua permanência como sendo a única e a mesma pessoa nos sucessivos estágios de sua existência. Assim, quando nos perguntamos o que faz com que uma pessoa seja hoje a mesma que era quando criança, estamos perguntando por sua identidade pessoal. Trata-se, digamos assim, da questão da "mesmidade" de uma pessoa no tempo, na independência das transformações contingentes que ela possa sofrer. (Há um outro conceito mais usual de identidade pessoal, que é aplicado em proferimentos como "Ele não é a mesma pessoa que quando jovem", ou "Ela está hoje uma outra pessoa". Esse é, como notou Roderick Chisholm, um conceito *frouxo* de identidade pessoal, sem critérios precisos e que não deve ser confundido com o conceito filosófico que estamos discutindo.) O conceito de identidade pessoal está intrinsecamente ligado ao de *critérios* de identidade pessoal, os quais são os elementos que, uma vez encontrados, nos permitem identificar algo como sendo uma mesma pessoa.

É útil introduzirmos aqui uma distinção devida a Wittgenstein entre critérios *primários* ou *constitutivos* e critérios *secundários* ou *sintomas*. Os primeiros têm papel definitório: contribuem para tornar a existência da entidade da qual são critérios garantida para nós, por força de convenção (exemplo: o *plasmodium falciparum* no sangue é critério de malária). Já os sintomas ou critérios secundários são elementos que, quando encontrados, tornam a existência da entidade da qual são sintomas apenas mais ou menos provável, podendo ser hierarquizados nesse aspecto (exemplo: febre alta cíclica é sintoma de malária). Ao investigarmos a identidade pessoal, estamos em busca de critérios primários ou constitutivos.

Há dois grupos rivais de teorias sobre os critérios de identidade pessoal: o das teorias *físicas* e o das *psicológicas*. As teorias físicas sugerem que o critério pelo qual dizemos que uma pessoa é a mesma reside em alguma coisa a ser descrita em termos físicos, como a continuidade de um mesmo corpo ou de um mesmo cérebro. Já as teorias psicológicas sugerem que esse critério é algo a ser descrito em termos mentais — por exemplo, a permanência dos traços de personalidade e caráter, habilidades, crenças, intenções e recordações pessoais. Esses dois grupos de teorias não são necessariamente exclusivos. Mais plausíveis parecem ser as teorias mistas, que incluem critérios tanto físicos quanto psicológicos, como a que será esboçada ao final dessa seção.

Critérios físicos. Os dois mais conhecidos candidatos a critérios físicos para a identidade pessoal são a continuidade do corpo humano e a continuidade do seu cérebro.

Quanto ao primeiro, é verdade que em geral reconhecemos pessoas por meio de sua aparência física. Contudo, o que dizer do corpo de alguém que morreu? Não dizemos propriamente de um cadáver que ele *é*, mas que *foi* uma pessoa. Torna-se claro, pois, que a continuidade do corpo é um mero sintoma, que apenas torna provável a identidade pessoal, mas que em nada contribui para garanti-la.

É fácil demonstrar que a permanência do mesmo cérebro tem prioridade sobre o resto do corpo como critério de identidade pessoal. Suponha, usando um exemplo de Sydney Shoemaker, que o cérebro de Brown seja transplantado para a calota craniana vazia do corpo de Johnson, daí resultando uma pessoa chamada Brownson. Parece óbvio que Brownson é a mesma pessoa que Brown e não a mesma que Johnson. O critério prioritário para a identificação não é, pois, o corpo de Johnson, mas o cérebro de Brown. Pergunta: é a permanência do mesmo cérebro um critério constitutivo, ou é ela também um sintoma, embora mais decisivo que a identidade do corpo?

É muito fácil demonstrar que um simples critério de continuidade física do cérebro seria inadequado. Considere o caso de um cérebro humano preservado em formol. Se apresentados a esse cérebro, não diríamos que estamos sendo apresentados a uma pessoa. Mesmo no caso de um paciente em coma, possuidor de um cérebro vivo que perdeu todas as suas funções superiores, não admitiríamos a permanência da pessoa. A simples continuidade física do cérebro não é, pois, condição suficiente para a identidade pessoal. Não obstante, quem sabe se não deveríamos considerar aqui a continuidade do cérebro que não só está vivo, mas que além disso mantém todas as suas funções superiores preservadas?

Há, contudo, uma interessante experiência em pensamento, explorada pelo filósofo inglês Derek Parfit, que sugere a falsidade dessa última alternativa. Suponhamos que você esteja na Terra no ano 2200 e que precise se teletransportar para Marte. Após entrar na cabine de teletransporte você aperta o botão verde. Quando isso acontece, um computador escaneia a posição e estrutura de cada molécula do seu corpo, ao mesmo tempo em que o destrói, enviando as informações para um aparelho de teletransporte em Marte, o qual reproduz lá um corpo perfeitamente idêntico ao seu. Terminado o teletransporte você acorda em Marte, tendo como última recordação ter apertado o botão verde. Para Parfit, a pessoa que acorda em Marte é você mesmo, pois ela tem as suas mesmas memórias e traços psicológicos. Não há, porém, nenhuma continuidade física, nem corporal nem cerebral, entre você na Terra e você em Marte!

Há filósofos, como Peter Unger, que negam que o teletransporte realmente preservaria a identidade pessoal, sugerindo que a pessoa em Marte não passa de uma réplica sua, e que você mesmo já não existe mais. Não há uma intuição clara a nos auxiliar aqui. Contudo, parece que há razões pragmáticas para se admitir a convenção de que após o teletransporte você continua sendo a mesma pessoa. Afinal, ao acordar em Marte, você ainda será considerado filho dos mesmos pais, com a mesma família, os mesmos amigos, patrão... e aquela dívida no banco, que não lhe será perdoada por você ter sido teletransportado. Ora, que utilidade teria a expressão "a mesma pessoa", senão a de permitir atribuições relacionais como essas?

O fato de a continuidade física não ser sempre necessária à identidade pessoal não significa que nenhum tipo de critério físico seja necessário. Pois parece que onde falta o critério de *continuidade física substantiva* considerada até aqui, deve restar ao menos um critério de *conexão física causal*, qual seja, um encadeamento causal suficiente entre as entidades físicas identificadoras da pessoa em momentos subseqüentes. Essa conexão física causal é preservada no caso do teletransporte: a estrutura molecular do seu corpo na Terra é um fator causal imprescindível para a sua reconstituição em Marte. (Defensores da teoria psicológica dirão que basta uma conexão causal meramente psicológica entre os seus estados mentais em Marte e na Terra. Contudo, essa conexão só poderá ser justificada como verdadeira se for externamente respaldada por uma conexão causal física! Imagine uma situação em que todas as provas dos teletransportes fossem destruídas e que algumas falsas memórias de teletransportes fossem secretamente implantadas; como distinguir então as identidades pessoais verdadeiras?)

Não é difícil conceber experiências em pensamento destinadas a mostrar que a identidade pessoal depende necessariamente, senão de uma continuidade física substantiva, pelo menos de algum tipo de conexão física causal.

Suponhamos que, por um absurdo capricho do acaso, as moléculas de um pântano viessem a se combinar de tal maneira que dele emergisse uma pessoa fisicamente idêntica a Napoleão, com todos os seus traços psicológicos e memórias. Se nos for garantido que não se trata de nenhum continuante causal de Napoleão, não diremos que se trata da mesma pessoa, mas de uma outra, exatamente similar a Napoleão.

Finalmente, também o critério de conexão física causal pode falhar se deixar de haver uma relação de um para um entre os diferentes estágios temporais de uma pessoa. Se o aparelho de teletransporte produzir 30 cópias suas em Marte, não será mais possível dizer que são todas a mesma pessoa que você é, pois a ramificação (como também a fusão) dos continuantes causais anula os critérios físicos, inclusive o de conexão causal (tente pensar na identidade dos continuantes de uma ameba que se divide...).

Contudo, como foi apontado por Robert Nozick, não é necessário que seja assim. Imagine que a pessoa A tenha as funções de seus dois hemisférios cerebrais idênticas e que um hemisfério de A seja retirado e transplantado para a calota craniana vazia de um segundo corpo, enquanto o outro hemisfério permanece na calota craniana do primeiro corpo, daí resultando duas pessoas psicologicamente indistinguíveis. Pergunta: quem é a mesma pessoa que A: a do primeiro corpo ou a do segundo? Parece que a melhor resposta (mesmo que irrelevante) é que a pessoa do primeiro é que continua sendo A, pois a continuidade do corpo torna a ramificação *assimétrica*, permitindo escolhermos o continuante que melhor satisfaz o conjunto de critérios disponíveis. Para fazer jus a essa espécie de intuição diremos que a identidade é possível quando a continuidade física substantiva ou causal é *unilinear*, entendendo com isso uma continuidade não-ramificada, ou, se ramificada, assimétrica.

Critérios psicológicos. Passemos agora à consideração de critérios mentais de identidade pessoal. O mais famoso é o critério da *memória pessoal* (autobiográfica ou de eventos experienciados), que a interpretação corrente credita a John Locke. Para esse filósofo, a identidade de uma pessoa vai até onde a sua consciência é capaz de se estender quando percorre a longa seqüência de suas memórias de experiências passadas. Assim, sei que sou a mesma pessoa que foi a um circo aos quatro anos de idade, posto que sou capaz de me lembrar disso.

É muito fácil, porém, mostrar que a permanência da memória pessoal não é condição necessária para a identidade pessoal. Imagine que uma pessoa, após sofrer um acidente, perca toda a lembrança de suas experiências individuais passadas. Essa pessoa continuaria sendo a mesma? Ora, se os outros traços psicológicos continuassem os mesmos, se ela continuasse com a mesma personalidade, o mesmo caráter, se a sua memória de *habilidades* (do falar, do agir) e principalmente a sua memória *proposicional* (de conhecimentos, de crenças gerais e fatos) se conservassem, não teríamos dúvida de que se trata da mesma pessoa.

Um exemplo que ajuda a compreender esse ponto é o do motorista de Lady Di, que perdeu de maneira irreversível a memória do que ocorreu no acidente que a matou. Esse fato obviamente não nos constrange a pensar que o motorista não seja a mesma pessoa que estava ao volante por ocasião do acidente. É, pois, evidente que a memória pessoal não é condição necessária para a identidade pessoal quando constatada por terceiros. Aliás, nem mesmo para a identidade pessoal constatada em primeira pessoa ela parece necessária. Embora o motorista de Lady Di seja incapaz de se recordar, ele indiretamente sabe, por meio de outros, que era ele mesmo que estava à direção no momento do acidente.

Há também considerações adicionais sugerindo que a memória pessoal não seja sequer condição suficiente para a identidade pessoal. Considere o caso de pessoas que fantasiam falsas experiências, como o do cidadão norte-americano que passou anos na prisão por ter se "lembrado" de um crime que não cometeu, ou ainda, o de pessoas que se "recordam" do que lhes ocorreu em vidas passadas, como o gordo admirador de Balzac, que acreditava ser o próprio escritor redivivo. Imagine, ainda, que as memórias pessoais pudessem — como algum dia talvez possam — ser implantadas no cérebro de uma pessoa, fazendo com que ela acredite se recordar de eventos que na verdade nunca presenciou. Em todos esses casos nos valeremos de outros critérios para neutralizar o critério de memória pessoal, negando-nos a reconhecer que se trata da mesma pessoa. (De nada adianta, aliás, a sugestão de que devemos recorrer apenas às memórias verdadeiras, pois só sabemos quando as memórias são verdadeiras com base em outros critérios, como a continuidade física da pessoa.)

Parece, pois, que o tão falado critério de memória pessoal não é condição nem necessária e nem suficiente para a identidade pessoal. Minha suspeita é que o seu valor seja o de uma contraparte subjetiva do critério corporal: o critério de continuidade do corpo é o mais usual e imediato quando identificamos terceiros na vida cotidiana, embora na verdade não passe de um sintoma; a permanência da memória pessoal é a maneira mais usual e imediata de nos identificarmos em primeira pessoa, embora no fundo também não passe de um mero sintoma.

Algumas comparações adicionais servirão para confirmar essa conclusão. Como já vimos, se a memória pessoal fosse perdida, mas os outros traços psicológicos preservados, a identidade pessoal seria preservada. Mas o contrário é implausível. Suponhamos que um teletransporte tenha sido malsucedido. O indivíduo resultante perdeu todas as suas características psicológicas, com exceção da memória pessoal. Ele nada mais conhece ou sabe fazer, faltando-lhe qualquer personalidade, caráter, intenções e afetos. Vive estendido em um leito, repetindo eventos autobiográficos como se fosse um gravador. Admitiríamos que estamos diante de uma mesma... pessoa? A resposta "sim" parece vir hesitante.

Suponhamos, finalmente, que a continuidade da memória entre em conflito com outros critérios. Imagine que os dois inimigos viscerais Arafat e Sharon sejam teletransportados ao mesmo tempo para Marte, e que por um erro, Arafat em Marte receba as memórias pessoais de Sharon, e Sharon as de Arafat. Quer isso dizer que Arafat passou a ocupar o corpo de Sharon e vice-versa? Parece que não. Mais provável é que ambos continuem a ser quem são, embora profundamente perturbados por terem as suas mentes devassadas pela constante intrusão de memórias irreconhecíveis e assustadoras que antes pertenciam ao outro.

Afora essas considerações, a memória pessoal continua sendo indispensável em um sentido que não havia sido antecipado por Locke. É que para poder reconhecer a existência dos critérios de modo a concluir que uma pessoa permanece sendo a mesma, precisaremos sempre em algum momento recorrer a alguma memória pessoal interpessoalmente confirmável. Considere mais uma vez o caso do motorista de Lady Di: se não existissem outras pessoas para registrar o acidente (ou os seus registros...) em suas memórias pessoais, seria impossível reconhecer a pessoa que estava na direção por ocasião do acidente como o motorista. Contudo, a memória pessoal não atua aqui como critério de identidade pessoal, mas como um pressuposto epistêmico indispensável à realização de reidentificações necessárias a constatações de identidade pessoal.

Critérios mistos. As considerações feitas até aqui sugerem que para a identificação de uma pessoa como sendo a mesma lançamos mão de uma variedade inter-relacionada de elementos criteriais, que precisam ser psicológicos e também físicos. Com base neles, quero propor, a título de tentativa, um critério misto de identidade pessoal. Para tal precisamos admitir dois grupos de critérios constitutivos: o grupo A, formado por elementos físicos, que serve para garantir a individuação de continuantes espaço-temporais, e o grupo B, formado por elementos psicológicos, que serve para qualificar um continuante como o de uma certa pessoa. Ei-los:

Grupo A (*critérios físicos*):
1. Continuidade física substantiva
2. Conexão física causal

Grupo B (*critérios mentais*):
1. Persistência da personalidade e caráter
2. Persistência da memória proposicional e de habilidades

Dados esses dois conjuntos, podemos admitir a seguinte regra criterial para a identificação pessoal:

> Regra P: uma pessoa pode ser considerada *a mesma* quando ao menos um critério de cada grupo estiver sendo suficientemente satisfeito.

Essa é uma regra propositadamente vaga, com a qual intentamos refletir os indefinidos limites mínimos na aplicação do nosso conceito ordinário de identidade pessoal, abaixo dos quais deixa de ser intuitiva a identificação de uma pessoa como sendo a mesma.

A regra P é satisfeita em primeiro lugar pelos exemplos paradigmáticos de identidade pessoal, que são aqueles em que todos os critérios dos grupos A e B estão sendo maximamente satisfeitos (exemplo: a identidade de minha pessoa agora com a minha pessoa hoje ao acordar). Outras situações podem satisfazer cada vez menos elementos criteriais (exemplo: a identidade que guardo hoje comigo mesmo em meu quarto aniversário), até chegarmos àqueles casos limítrofes sobre os quais não sabemos mais decidir.

Finalmente, a regra criterial proposta torna claro porque não faz sentido tentar analisar a questão da identidade pessoal em termos de uma única condição objetiva (critério ou conjunto de critérios), que seja necessária e suficiente: nenhum dos critérios primários ou constitutivos que formam os grupos A e B precisa estar necessariamente presente, e a presença isolada de um único critério será sempre insuficiente! É a própria aplicabilidade da regra P que define o critério último para a identidade pessoal, a condição necessária e suficiente, minimamente expressa pelo seguinte grupo de disjunções (condição necessária) de conjunções (condições suficientes) de critérios constitutivos: "(A1 & B1) ou (A1 & B2) ou (A2 & B1) ou (A2 & B2)".

A natureza da ação

Como escreveu o poeta Goethe, "Im Anfang war die Tat": no início era a ação — não o verbo. A mente foi evolucionariamente desenhada como um instrumento da ação. A seguir será oferecido um esclarecimento plausível da natureza mentalmente causada da ação humana.

Tipos de ações. Quando alguém acena com o braço, passeia pelo parque, dirige um automóvel, está realizando ações, e tudo isso envolve movimentos corporais. Assim, ações tipicamente envolvem *movimentos corporais*, os quais dependem de contrações e relaxamentos musculares. Contudo, nem todas as ações envolvem movimentos corporais; há as que envolvem a sua sustação. Se um sargento dá a ordem "Sentido!" a um soldado, para segui-la este deve realizar uma *ação negativa*, que é a de permanecer parado em uma só posição.

Além disso, há uma classe especial de ações que não envolve nem a presença nem a ausência de movimentos corporais. Trata-se dos chamados *atos mentais*, que são eventos mentais produzidos pela vontade, como o calcular de cabeça. Há também ações que envolvem apenas movimentos corporais, como o ato de levantar o braço, e ações que envolvem também outros eventos físicos, as assim chamadas ações *instrumentais*, como o ato de manobrar um guindaste.

Ações também podem ser *básicas* ou *não-básicas* (Arthur Danto). Uma ação básica pode ser definida como a que não é feita *por* ser feita outra ação. Assim, hastear uma bandeira não é uma ação básica, pois é feita *pela* atividade de puxar a corda do mastro, que por sua vez é feita *pela* realização de movimentos dos braços para cima e para baixo. Só essas últimas ações são básicas, pois não costumam ser feitas por meio de outras. O conceito de ação básica possui, aliás, uma extensão variável: o que é ação básica para uma pessoa, por não depender de outras ações, pode não ser para outra, menos treinada em realizá-la.

Três níveis de ação. O que são ações? Como as ações tipicamente envolvem movimentos corporais, surge a pergunta: podem as ações ser consideradas simples movimentos corporais? Certamente não. Uma crise epiléptica é uma seqüência de espasmos musculares, mas não é uma ação. Por conseguinte, ações parecem ser movimentos corporais e mais alguma coisa: "O que resta", perguntou Wittgenstein, "quando subtraio o movimento de meu braço do fato de eu tê-lo erguido?". É esse resto que transforma o movimento corporal em ação. É a sua natureza e a sua relação com o movimento corporal que demandam esclarecimento.

Quando pensamos nesse resto, o que costuma nos vir à mente são estados ou eventos mentais: desejos, crenças, intenções e decisões que conduzem ao movimento muscular ou corporal. Mas ao assim pensarmos temos em mente as ações humanas cotidianas, esquecendo-nos que o conceito geral de ação tem uma aplicação mais vasta. Dizemos que o verme realiza a ação de subir até o duodeno, que a teia é resultado da ação da aranha, mas não queremos com isso atribuir estados mentais a esses animais. E também dizemos que certos movimentos musculares — como os movimentos peristálticos do intestino, os batimentos cardíacos, o espirro, o vômito, o reflexo de apreensão dos bebês humanos — são ações, embora involuntárias. Se não há aqui um elemento mental relevante, o que torna todos esses movimentos ações? O que os torna diferentes de uma crise epiléptica ou do "ato" de roncar, que não parecem poder ser legitimamente chamados de ações?

A resposta é que em casos como o do verme que sobe para o duodeno, da aranha que constrói a teia, dos movimentos peristálticos, os movimentos musculares possuem um caráter teleológico inerente, ou seja, eles servem a propósitos evolucionariamente fundados: o de instalar-se no local apropriado, o de pegar insetos, o de promover a digestão... Mas em casos como o da crise epiléptica ou do "ato" de roncar, não há nenhum propósito, nenhuma finalidade biologicamente fundada. Chamaremos esses movimentos corporais que envolvem propósitos inerentes de ações *teleológicas*, chamando-os também de *ações autônomas* quando esses propósitos não envolvem estados mentais intencionais. Esse primeiro nível de ação pode ser esquematizado assim:

AÇÃO TELEOLÓGICA (incluindo ação autônoma)	=	MOVIMENTO CORPORAL ENVOLVENDO PROPÓSITO (ou a sua sustação)

Como veremos, toda e qualquer ação possui uma base teleológica que, nos casos interessantes, é descrita em termos intencionais.

A noção mais vasta de ação como movimento corporal teleológico pouco nos serve, pois como filósofos, não estamos preocupados em analisar a estrutura da ação da aranha ou do verme, mas a do ser humano consciente e racional.

Antes de fazermos isso, porém, vale introduzir um nível intermediário, que é envolvido nas ações humanas em geral e também aplicável a ações de animais superiores, por não exigir deliberação racional. Trata-se do que podemos chamar de *ação voluntária*. Assim, quando entro em meu quarto e sem pensar acendo a luz, trata-se de uma ação que depende de minha vontade, de meu querer, de minha intenção. E quando o cão corre atrás do gato, ele também realiza uma ação voluntária, pois ninguém negará que ele quer, tenta, se esforça para pegar o gato. Tais ações são movimentos corporais imediatamente causados por uma ocorrência volitivo-intencional que os acompanha. Essa ocorrência foi diversamente chamada por filósofos de o *tentar*, o *sentimento de agência*, a *intenção na ação*, e será chamada aqui de *esforço*.

A palavra "esforço" parece-me o candidato mais natural. Ela não é aplicada a ações autônomas, a não ser em um sentido secundário: batimentos cardíacos, por exemplo, não demandam esforço, embora seja possível falar metaforicamente do esforço (involuntário) que o coração faz para bombear o sangue. O esforço voluntário e intencional de que falamos tem natureza e intensidade *mentais*, não podendo ser sensorialmente experienciado, a não ser indiretamente, ao ser retroalimentado pela experiência proprioceptiva das posições relativas dos membros, pela consciência cinestésica dos seus movimentos e por sensações como as de contração muscular, pressão, cansaço. Disso resulta uma impressão enganosa de que o esforço é alguma coisa corporal (considere, por contraste, o esforço de calcular mentalmente).

Juntando o conceito de movimento corporal e o de esforço, podemos definir a ação voluntária como um fenômeno psicofísico, caracteristicamente constituído por um *movimento corporal* (ou pela sua *sustação*) que é causado(a) por um *esforço*. Podemos esquematizá-la assim:

A evidência a favor da tese de que a ação voluntária é tipicamente um movimento corporal necessariamente causado por um esforço é que quando consideramos uma coisa sem a outra não temos uma ação. John Searle tornou isso claro analisando dois exemplos contrastantes, tomados de William James e Wilder Penfield. No experimento relatado por James, uma pessoa com os olhos vendados teve o seu braço completamente anestesiado amarrado a uma mesa; pediu-se então a ela para levantar o braço e em seguida sua venda foi retirada. A pessoa ficou surpresa pelo fato de seu braço não se ter levantado. Nesse caso a ação não ocorreu, pois embora tivesse havido um esforço (que Searle chama de intenção na ação), confirmado pela ausência de retroalimentação negativa da parte do membro paralisado, não houve movimento corporal.

O caso contrastante considerado por Searle é o relatado pelo neurocirurgião Penfield, que estimulando diretamente com eletrodos os cérebros de pacientes conscientes foi capaz de fazer com que eles movessem a mão ou vocalizassem. Quando era perguntado ao paciente se ele havia realizado a ação, ele invariavelmente respondia: "Não; quem fez isso foi você", referindo-se a Penfield. Com efeito, o paciente não realizava a ação, pois mesmo havendo o movimento corporal, não era ele que se esforçava para levantar o seu braço.

Uma possível objeção à noção de ação voluntária é que há muitas ações, como a de pressionar a tecla "b" ao digitar uma mensagem no computador, dar um passo ao andar, gesticular, nas quais o movimento corporal não costuma vir acompanhado de intenções. Essa objeção resulta da falta de distinção entre ação voluntária e autônoma. Ações que inicialmente são intencionais podem ser automatizadas, transformando-se em ações autônomas, mesmo que dentro do escopo de uma atividade voluntária.

Além de voluntárias, as ações podem ser também resultado de um processo de deliberação racional. Dizemos que o cão é capaz de ação voluntária, mas sentimo-nos pouco inclinados a lhe atribuir racionalidade, devido à falta de planejamento e controle conscientes. Minha ação habitual de acender a luz ao entrar no quarto também não resulta mais de um processo de deliberação racional (embora possamos atribuir racionalidade a ela, como às ações em geral). Muito diferente, porém, é a atividade de um camponês que planta sementes na primavera para colher no outono, ou do engenheiro ao construir uma ponte. Trata-se aqui não só de ações voluntárias, mas também das que resultam de deliberação racional em um sentido que não é alcançado por outras espécies animais. Chegamos aqui a um terceiro e mais complexo nível, que é o da *ação racional*, definida como uma ação voluntária que resulta de um processo de deliberação racional.

Podemos, pois, distinguir três níveis de ação: (1) o nível neuromuscular da ação autônoma, teleológica, e dois níveis psicológicos, que são (2-i) o nível médio da ação voluntária (que é também teleológica) e (2-ii) o nível superior da ação racional (que é também voluntária e teleológica). O nível (2-ii) pressupõe (2-i), que por sua vez pressupõe (1), podendo (2-ii) passar a (2-i) e (2-i) a (1), já que esses três níveis de ação foram filogeneticamente hierarquizados, um sucedendo ao outro na evolução dos organismos. Como o último nível (2-ii) é o mais propriamente humano, vamos considerá-lo à parte.

Ações racionais. Para se entender o que é uma ação voluntária racional, vejamos um exemplo típico. Digamos que, por recomendação médica, eu decida a partir de amanhã fazer ginástica. Faço isso por uma razão: creio que se fizer exercícios terei maiores chances de permanecer saudável. Essa razão (como as razões em geral) pode ser analisada em termos de uma *conjunção de desejos e crenças*, no caso: (a) meu desejo de permanecer saudável e (b) minha crença de que se fizer exercícios terei mais chances de permanecer saudável. Supondo que o desejo e a crença constitutivos de minha razão sejam suficientemente fortes, que não haja impedimentos e que essa razão não esteja em conflito com outras, ela se torna *operante*, causando (pela chamada inferência prática) uma *decisão*, que nada mais é do que o nascimento do meu *querer* realizar os exercícios a partir de amanhã (chamado por Searle de intenção prévia). Esse querer realizar os exercícios causará, por sua vez, ao seu tempo, o surgimento do esforço (a intenção na ação, o tentar). Tal esforço, por fim, produzirá os movimentos corporais que são os exercícios nele intencionados.

Podemos distinguir os principais elementos dessa espécie de ação voluntária resultante de deliberação racional através do seguinte esquema:

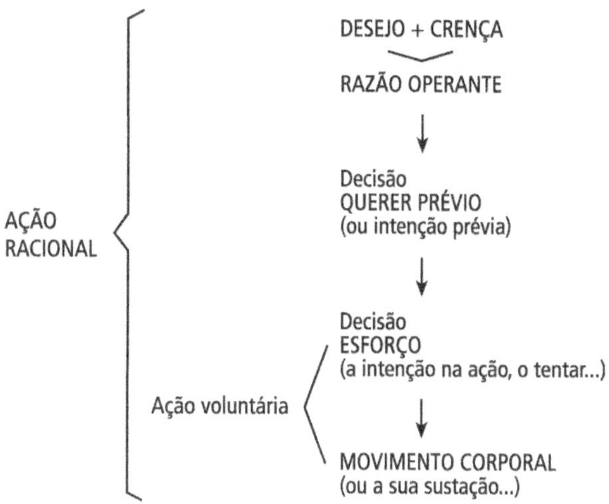

Aqui as setas indicam uma seqüência de relações causais, que começam com razões e terminam com movimentos corporais e seus efeitos, os quais satisfazem uma intenção delas derivada, sendo necessária a adequada satisfação de toda a cadeia causal para que a ação seja propriamente realizada.

Finalmente, é interessante examinarmos alguns aparentes contra-exemplos a análises causais da ação. Imagine que Tomazo está decidido a matar Luciano, um fora-da-lei como ele, e que ambos são feitos prisioneiros por pessoas que decidem que Tomazo deverá executar Luciano, sob pena de ser morto. Tomazo realiza essa ação com secreto prazer. Contra a análise causal poder-se-ia objetar que embora Tomazo tenha razões suficientes para matar Luciano, elas não desempenham papel causal relevante. A resposta é que, embora o agente possa ter mais de uma razão para agir, o que importa é a razão que circunstancialmente causou a ação, a razão primária ou operante, definida por Donald Davidson como aquela capaz de *explicar* a ação. E é claro que a razão operante nesse caso é outra, qual seja, a crença de Tomazo de que matando Luciano ele salvará a própria vida.

Outro exemplo, proposto por Roderick Chisholm, é o de Bill, que quer matar o seu tio. Bill fica tão nervoso diante desse pensamento que perde o controle do veículo que está dirigindo e atropela e mata um passante, que por acaso é o seu tio. Certamente, ele não realizou a ação de matar o seu tio voluntária ou intencionalmente, apesar dela ter sido causada por sua vontade, por sua intenção. O problema com esse exemplo é que falta um elo essencial à cadeia causal: o esforço (a intenção na ação) tendo como objeto intencional a morte do tio.

Um último exemplo, atribuído a Dann Bennett, é o de um homem que quer matar uma pessoa no campo, atirando nela à distância. Tendo uma mira muito ruim, ele não acerta, mas o estampido assusta uma manada de porcos selvagens que pisoteiam a pessoa até a morte. Aqui há o esforço voluntário, mas não se pode dizer que o homem realiza propriamente a ação de matar a outra pessoa. A resposta é que, embora exista um esforço causando movimento corporal, trata-se de uma ação instrumental, cujos elos causais não foram completados tal como haviam sido intencionados: o homem apertou o gatilho de sua arma *para* acertar uma pessoa e *para* dessa maneira matá-la. Como esses últimos elos causais estão faltando, não podemos dizer que o agente tenha realizado a ação de matar a pessoa tal como havia intencionado fazer, mas apenas casualmente. Em um sentido estrito, feitos como o de atropelar o tio ou matar a outra pessoa no campo não são sequer ações, mas resultados casuais de ações, posto que elos apropriados da cadeia causal que as constituem faltam ou foram substituídos.

Referências e fontes

ARMSTRONG, D.M.: "What is Consciousness?", in D.M. Armstrong, *The Nature of Mind and other Essays* (Ithaca, Cornell University Press, 1980).

BLOCK, N.: "Troubles with Functionalism", in N. Block (org.), *Readings in Philosophy of Psychology* (Cambridge Mass., Harvard University Press, 1980, vol. I.).

CHISHOLM, R.M.: "The Loose and Popular and Strict and Philosophical Senses of Identity", in N. Care e R.H. Grimm (orgs.), *Perception: Perception and Personal Identity* (Cleveland, Ohio University Press, 1969).

CHURCHLAND, P.: "Eliminative Materialism and Propositional Attitudes", *Journal of Philosophy* 78, 1981.

____, "The Rediscovery of Light", in D. Chalmers (org.), *Philosophy of Mind: Classical and Contemporary Readings* (Oxford, OUP, 2002).

DANTO, A.: "Basic Actions", *American Philosophical Quarterly* 2, 1965.

DAVIDSON, D.: "Mental Events", in *Essays on Actions and Events* (Oxford, OUP, 1980).

____, "Actions, Reasons and Causes", in *Essays on Actions and Events* (Oxford, OUP, 1980).

DENNETT, D.C.: *Consciousness Explained* (Londres, Little, Brown and Co, 1991).

DESCARTES, R.: *Discurso do método* (São Paulo, Abril, 1972). O argumento por nós discutido é brevemente exposto no terceiro parágrafo da parte IV dessa obra reaparecendo em outras obras suas.

FEIGL, H.: *The 'Mental' and the 'Physical'* (Mineápolis, University of Minnesota Press, 1967 [1958]).

FEYERABEND, P.K.: "Materialism and the Mind-Body Problem", *Review of Metaphysics* 17, 1963.

FODOR, J.A.: *The Language of Thought* (Cambridge Mass., Harvard University Press, 1975), ver a introdução.

FREGE, G.: "Sobre o sentido e a referência", in P. Alcoforado (org.): *Gottlob Frege: Lógica e filosofia da linguagem* (São Paulo, Cultrix/Edusp, 1978).

GOLDMAN, A.I.: *A Theory of Human Action* (Princeton, Princeton University Press, 1970).

JACKSON, F.: "What Mary didn't Know?", *Journal of Philosophy* 83, 1986.

JAMES, W.: *The Principles of Psychology* (Nova York, Dover, 1950).

LOCKE, J.: *An Essay Concerning Human Understanding*, P.H. Nidditch (org.) (Oxford, Clarendon Press, 1978 [1760]).

MCGINN, C.: "Can we Solve the Mind-Body Problem?" *Mind* 98, 1989.

NAGEL, T.: "What is it Like to be a Bat?", in T. Nagel, *Mortal Questions* (Cambridge, Cambridge University Press, 1997).

NOZICK, R.: *Philosophical Explanations* (Cambridge, Harvard University Press, 1981). Ver parte 1.

O'SHAUGHNESSY, B.: *Consciousness and the World* (Oxford, OUP, 2002).

____, "Trying as the Mental Pineal Gland", *Journal of Philosophy* 70, 1973.

PARFIT, D.: *Reasons and Persons* (Oxford, Clarendon Press, 1984). A parte 3 desse livro é sobre identidade pessoal.

PLACE, U.T.: "Is Consciousness a Brain Process?", *The British Journal of Psychology* 47, 1956.

PUTNAM, H.: "The Nature of Mental States" (1967) in D.M. Rosenthal (org.), *The Nature of Mind* (Oxford, OUP, 1991).

ROSENTHAL, D.M.: "Two Concepts of Consciousness", in D.M. Rosenthal (org.), *The Nature of Mind* (Oxford, OUP, 1991).

____, "A Theory of Consciousness", in N. Block, O. Flanagan, G. Güzeldere (orgs.), *The Nature of Consciousness* (Cambridge, Mass., MIT, 1997).

RYLE, G.: *The Concept of Mind* (Londres, Huchinson, 1949).

SEARLE, J.R.: *O mistério da consciência* (São Paulo, Paz e Terra, 1998). Ver a conclusão.

SMART, J.J.C.: "Sensations and Brain Processes" *Philosophical Review* 68, 1959.

UNGER, P: *Identity, Consciousness and Value* (Nova York, OUP, 1990).

WITTGENSTEIN, L.: *Investigações filosóficas* (São Paulo, Abril, 1975).

Leituras recomendadas

A bibliografia em filosofia da mente é muito extensa, sendo a leitura em inglês indispensável. O que se segue é apenas uma tentativa de facilitar a vida de quem começa.

Primeiro: uma multidão de informações bem mastigadas sobre filosofia da mente, psicologia cognitiva, neurociência etc., encontra-se no livro de Susan Blackmore, *Consciousness: An Introduction* (Abingdon, Hodder & Stoughton, 2003). No entanto, para começar um estudo sério de filosofia da mente, o melhor lugar parece-me a excepcionalmente clara e suficientemente aprofundada introdução de K.T. Maslin: *An Introduction to Philosophy of Mind* (Cambridge, Polity Press, 2001). Um livro polêmico, mas que pela sua clareza é útil como introdução, é *A redescoberta da mente* (São Paulo, Martins Fontes, 1997), de J.R. Searle. Uma introdução menos fácil de se ler, mas altamente competente, é o livro de Jaegwon Kim: *Philosophy of mind* (Boulder, Westview Press, 1996).

Uma boa obra de consulta é *A Companion to the Philosophy of Mind* (Oxford, Blackwell, 1994), organizado por Samuel Guttenplan. Ver também o *The Blackwell Guide to Philosophy of Mind* (Oxford, Blackwell, 2003), de S.P. Stich e T.A. Warfield (orgs.).

Há um bom número de importantes coletâneas de artigos que contêm muito do material utilizado neste livro.

Dentre as mais antigas, uma importante é *The Nature of Mind*, de D.M. Rosenthal (org.), já citada nas Referências e fontes. Outra importante coletânea é a organizada por D.J. Chalmers, *Philosophy of Mind: Classical and Contemporary Readings* (Oxford, OUP, 2002), selecionando artigos influentes dos últimos anos. Também são boas coletâneas: *Philosophy of Mind: A Guide and Anthology* (Oxford, OUP, 2004), de John Heil (org.); *Philosophy of Mind: Contemporary Readings* (Londres, Routledge, 2003), de T. O'Connor e D. Robb (orgs.); e *Mind and Cognition: An Antology* (Oxford, Blackwell, 1999), de W.G. Lycan (org.).

Sobre o problema da consciência, o mais indicado é a extensa seleção de artigos mais importantes em *The Nature of Consciousness*, já citado nas "Referências e fontes".

Uma introdução muito breve e claríssima ao problema mente-corpo encontra-se na primeira parte do livro de Paul M. Churchland, *Matter and Consciousness* (Cambridge, MIT Press, 1988). Depois dela, sugiro a clara e lúcida introdução ao problema da relação mente-corpo e ao da consciência, escrita pelo filósofo australiano D.M. Armstrong e intitulada *The Mind-Body Problem: An Opinionated Introduction* (Boulder, Westview Press, 1999). Uma boa defesa atual da teoria da identidade encontra-se em T.W. Polger: *Natural Minds* (Cambridge, MIT Press, 2004).

A mais clara introdução à questão da identidade pessoal é o livro de Brian Garrett: *Personal Identity and Self-consciousness* (Londres, Routledge, 1998). Muito instrutivo é S. Shoemaker & R. Swinburne: *Personal Identity* (Oxford, Blackwell, 1984).

O capítulo 3 do livro de J.R. Searle, *Intencionalidade: Um ensaio em filosofia da mente* (São Paulo, Martins Fontes, 1977) pode servir de introdução à teoria causal da ação. Uma formulação atual encontra-se em *How we Act: Causes, Reasons, and Intentions*, de Berent Enç (Oxford, Clarendon Press, 2003).

Sobre o autor

Professor do mestrado de filosofia da Universidade Federal do Rio Grande do Norte (UFRN), Natal, Claudio F. Costa doutorou-se em Konstanz, Alemanha, tendo realizado estudos pós-doutorais na Hochschule für Philosophie, em Munique, e na Universidade da Califórnia, em Berkeley. Seus principais livros publicados são *A linguagem factual* (Tempo Brasileiro), *Estudos filosóficos* (Tempo Brasileiro) e *Uma introdução contemporânea à filosofia* (Martins Fontes). Publicou pela Zahar, na coleção *Passo-a-Passo*, o livro *Filosofia da linguagem*.

Coleção **PASSO-A-PASSO**

Volumes recentes:

CIÊNCIAS SOCIAIS PASSO-A-PASSO

O negócio do social [40], Joana Angélica Barbosa Garcia

Origens da linguagem [41], Bruna Franchetto e Yonne Leite

Antropologia da criança [57], Clarice Cohn

Patrimônio histórico e cultural [66], Pedro Paulo Funari e Sandra de Cássia Araújo Pelegrini

Antropologia e imagem [68], Andréa Barbosa e Edgar T. da Cunha

Antropologia da política [79], Karina Kuschnir

Sociabilidade urbana [80], Heitor Frúgoli Jr.

Pesquisando em arquivos [82], Celso Castro

Cinema, televisão e história [86], Mônica Almeida Kornis

FILOSOFIA PASSO-A-PASSO

Estética [63], Kathrin H. Rosenfield

Filosofia da natureza [67], Márcia Gonçalves

Hume [69], Leonardo S. Porto

Hannah Arendt [73], Adriano Correia

Schelling [74], Leonardo Alves Vieira

Niilismo [77], Rossano Pecoraro

Kierkegaard [78], Jorge Miranda de Almeida e Alvaro L.M. Valls

Filosofia da biologia [81], Karla Chediak

Ontologia [83], Susana de Castro

John Stuart Mill & a liberdade [84], Mauro Cardoso Simões

Filosofia da história [88], Rossano Pecoraro

Teoria do conhecimento [91], Alberto Oliva

PSICANÁLISE PASSO-A-PASSO

Psicanálise com crianças [75], Teresinha Costa

Feminino/masculino [76], Maria Cristina Poli

Cinema, imagem e psicanálise [85], Tania Rivera

Trauma [87], Ana Maria Rudge

Édipo [89], Teresinha Costa

A psicose [90], Andréa M.C. Guerra

A angústia [92], Sonia Leite

Educação e psicanálise [93], Rinaldo Voltolini

Os outros em Lacan [94], Antonio Quinet

A paixão [95], Marcus André Vieira

Histeria: o caso Dora [96], Nadiá Paulo Ferreira e Marcus Alexandre Motta